Medziugorje

fotografie

&

orędzia

Tłumaczenie na język polski:
Katarzyna Gorwa

Orsolya Eden

Stopka redakcyjna:

Orsolya Eden *
c / o AutorServices.de
Birkenallee 24
36037 Fulda
Niemcy

* NIE wysyłaj PACZEK na ten adres.
Jeśli chcesz, aby paczka została do mnie przesłana, wyślij e-maila z zapytaniem na adres podany poniżej. Dziękuje za wyrozumiałość.

E-mail: Orsolyaeden1@use.startmail.com

Projekt okładki, ilustracje i zdjęcia: Orsolya Eden
Tłumaczenie na język angielski: Orsolya Eden
Uwaga: Orsolya Eden to pseudonim artystyczny
ISBN Wydanie kieszonkowe: 978-3-9821154-9-8
Tłumaczenie na języ polski: Katarzyna Gorwa

Chwała Ojcu i Synowi i Duchowi Świętemu jak było na początku teraz i zawsze i na wieki wieków Amen.

Podziękowania dla Felicitas, Richard i Cäcilia

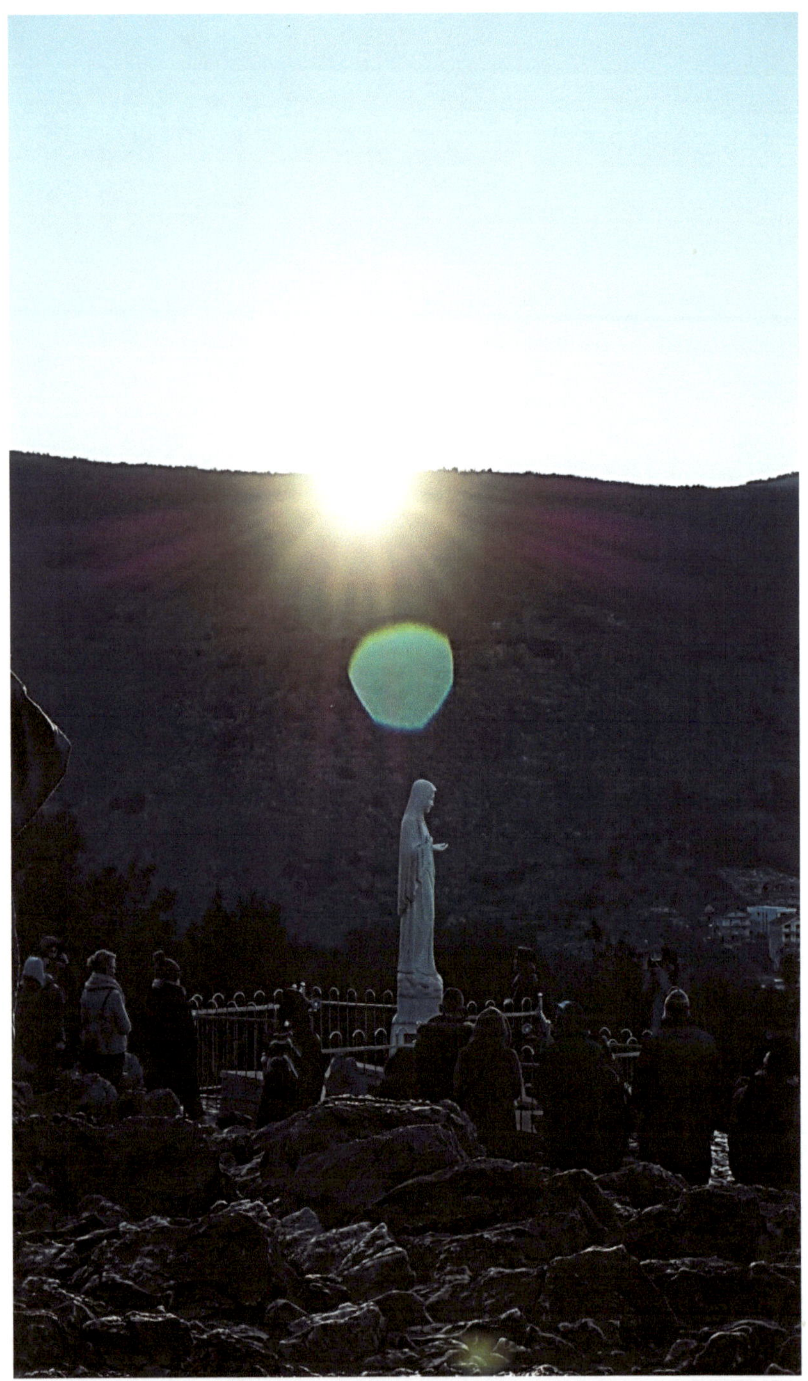

Orędzie z dnia 2 lipca 2009 [1]

„Drogie dzieci. Wzywam was, ponieważ was potrzebuję. Potrzebuję serc gotowych do nieograniczonej miłości. Serc nie obciążonych próżnością. Serc, które są gotowe kochać tak, jak kochał mój Syn, które będą gotowe do poświęcenia tak, jak poświęcił się mój Syn. Potrzebuję was. Abyście mogli ze mną pójść, przebaczcie sobie samym, przebaczcie innym i adorujcie mojego Syna. Adorujcie Go również za tych, którzy Go nie poznali, którzy Go nie kochają. Do tego was potrzebuję, do tego was wzywam. Dziękuję wam. ”

---

[1] Giovani Luca Zenga (tłumacz*), Medjugorje 1981 - 2019 History of the apparitions and the messages of the Queen of Peace from 1981 to 2019*, Matica Hrvatska Čitluk, Čitluk - Medjugorje 2019, strona 193 (tłumaczenie z języka angielskiego: autorka).

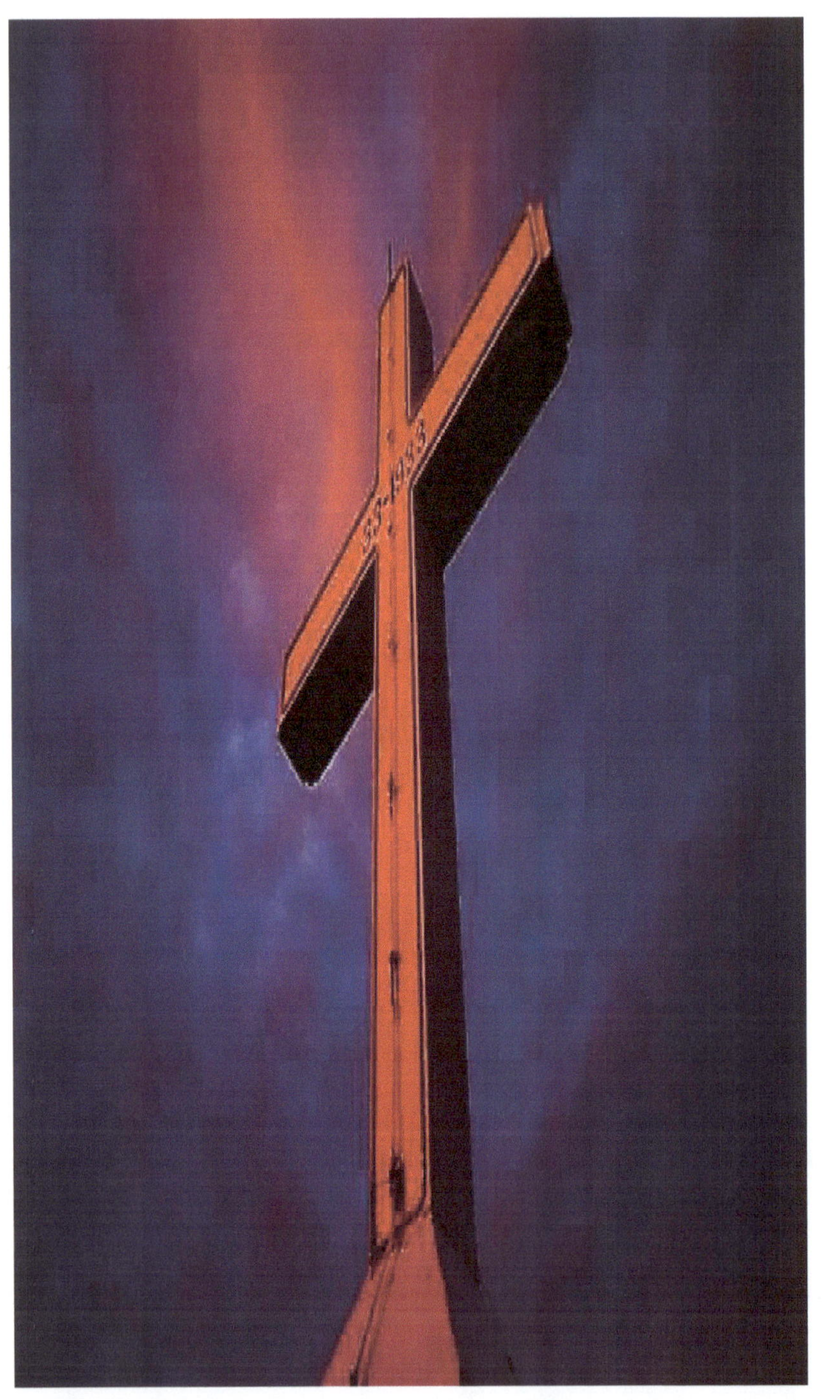

Orędzie z dnia 12 września 1985 [2]

„Drogie dzieci! Pragnę wam powiedzieć, że w tych dniach w centrum będzie krzyż. Módlcie się szczególnie pod krzyżem, z którego płyną wielkie łaski. Teraz dokonajcie w swoich domach specjalnego poświęcenia się krzyżowi. Obiecajcie, że nie będziecie obrażać Jezusa ani krzyża i skazywać go na wzgardę! Dziękuję, że odpowiedzieliście na moje wezwanie. ”

---

[2] Giovani Luca Zenga (tłumacz*), Medjugorje 1981 - 2019 History of the apparitions and the messages of the Queen of Peace from 1981 to 2019*, Matica Hrvatska Čitluk, Čitluk - Medjugorje 2019, p. 28 (tłumaczenie z języka angielskiego: autorka).

.

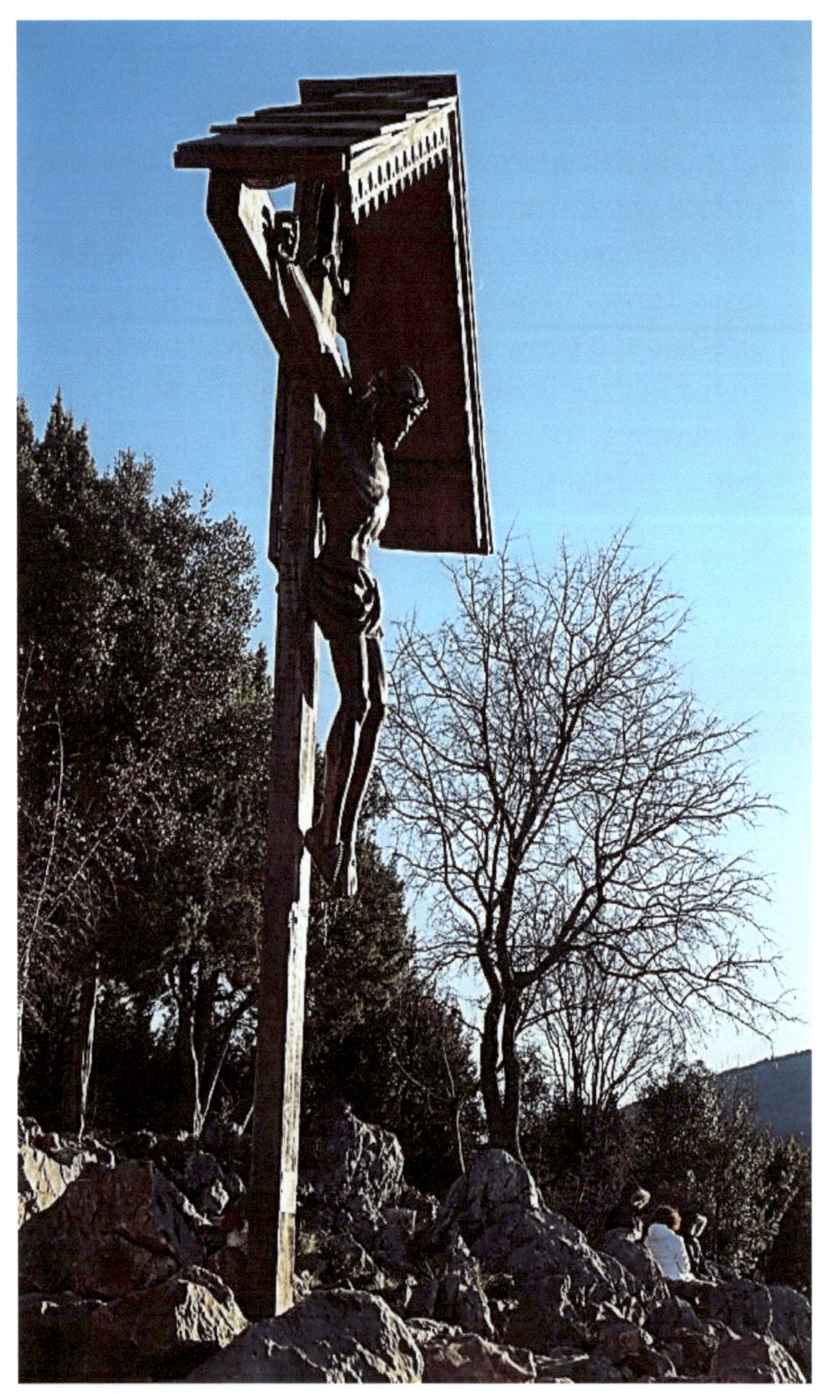

Orędzie z dnia 25 sierpnia 1997 [3]

„Drogie dzieci! Bóg daje mi ten czas jako dar dla Was, abym mogła Was pouczać i prowadzić drogą zbawienia. Teraz, drogie dzieci nie pojmujecie tej łaski, ale szybko nadejdzie czas, kiedy będzie Wam żal tych orędzi. Dlatego, dziatki, żyjcie wszystkimi słowami, które dawałam Wam w tym czasie łaski i odnówcie modlitwę, dopóki modlitwa nie stanie się dla Was radością. Szczególnie wzywam wszystkich, którzy poświęcili się mojemu Niepokalanemu Sercu, aby stali się przykładem dla innych. Wzywam wszystkich kapłanów, zakonników i zakonnice, aby modlili się na różańcu i uczyli innych modlić się. Różaniec, dziatki jest mi szczególnie drogi. Poprzez różaniec otworzycie mi swoje serce i mogę Wam pomóc. Dziękuję, że odpowiedzieliście na moje wezwanie. ”

---

[3] Giovani Luca Zenga (tłumacz), *Medjugorje 1981 - 2019 History of the apparitions and the messages of the Queen of Peace from 1981 to 2019*, Matica Hrvatska Čitluk, Čitluk - Medjugorje 2019, strona 91 (tłumaczenie z języka angielskiego: autorka).

.

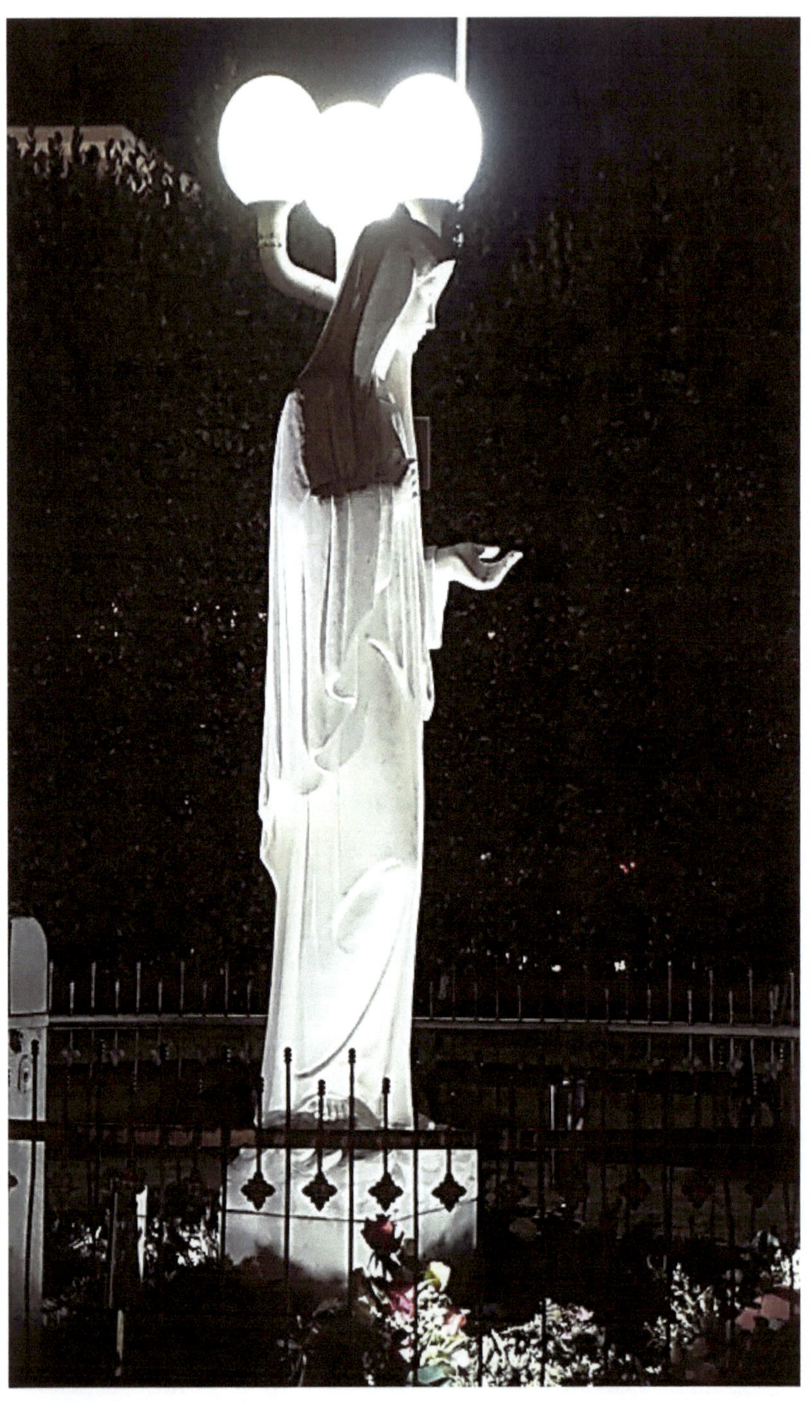

Orędzie z dnia 2 stycznia 2019 [4]

„Drogie dzieci, niestety, jest pomiędzy wami, moimi dziećmi wiele walki, nienawiści, własnych interesów, egoizmu. Moje dzieci, jakże łatwo zapominacie o moim Synu, Jego Słowach, o Jego miłości. Wiara gaśnie w wielu duszach, a serca są opanowane przez materialne sprawy tego świata. Jednakże moje matczyne serce wie, że są jeszcze ci, którzy wierzą i miłują, którzy chcą jak najbardziej zbliżyć się do mojego Syna, którzy niestrudzenie szukają mojego Syna - a więc i mnie szukają. To są ci pokorni i łagodni, którzy swoje utrapienia i cierpienia znoszą w cichości, którzy mają nadzieję, lecz przede wszystkim mają wiarę. Ci są apostołami mojej miłości.

Moje dzieci, apostołowie mojej miłości, uczę was, że mój Syn nie żąda nieustannych modlitw, lecz uczynków i uczuć, wiary i modlitwy, abyście przez osobistą modlitwę wzrastali w wierze, wzrastali w miłości. On żąda, byście się wzajemnie miłowali, bo to jest droga do życia wiecznego. Moje dzieci, nie zapominajcie, że to mój Syn przyniósł światło na tę

---

[4] Giovani Luca Zenga (tłumacz*), Medjugorje 1981 - 2019 History of the apparitions and the messages of the Queen of Peace from 1981 to 2019*, Matica Hrvatska Čitluk, Čitluk - Medjugorje 2019, strona 259 (tłumaczenie z języka angielskiego: autorka).

ziemię, a przyniósł je tym, którzy chcieli Go ujrzeć i przyjąć. Wy takimi bądźcie, gdyż to jest światło prawdy, pokoju i miłości. Ja po matczynemu prowadzę was do adorowania mojego Syna, do miłowania Go wraz ze mną; by wasze myśli, słowa i uczynki były ukierunkowane na Niego i w Jego imię. Wtedy spełni się pragnienie mojego serca. Dziękuje wam. ”

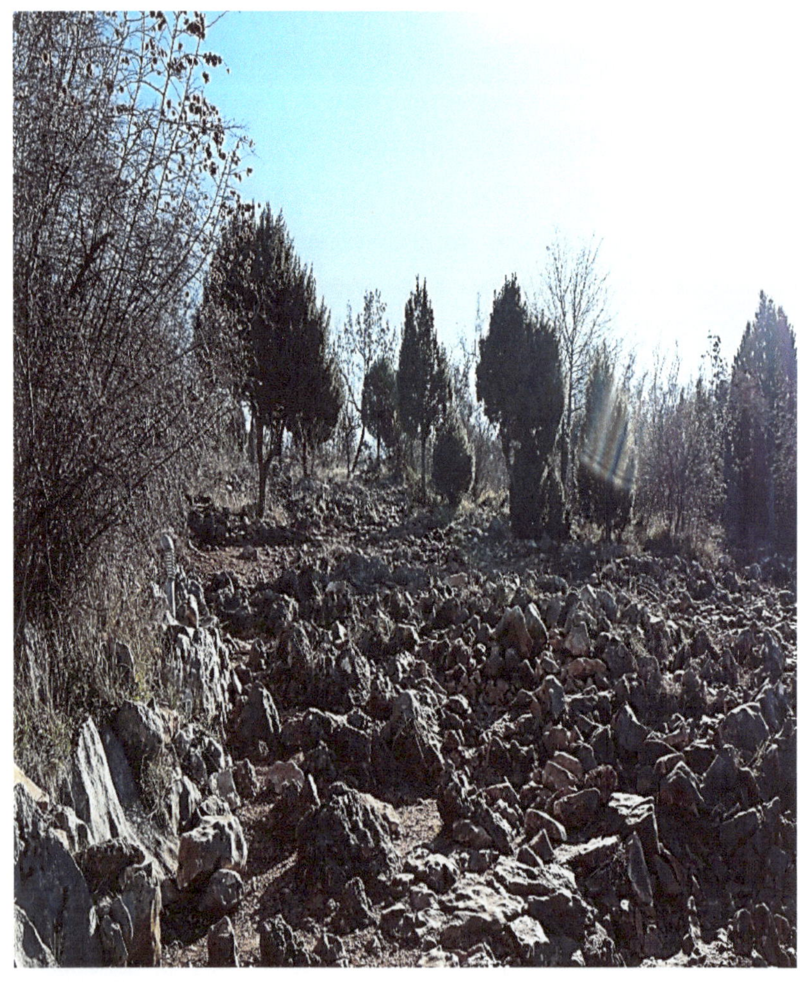

Orędzie z dnia 25 stycznia 1991[5]

„Drogie dzieci! Dziś jak nigdy dotąd wzywam was do modlitwy. Niech wasza modlitwa będzie błaganiem o pokój. Szatan jest silny i pragnie zniszczyć nie tylko ludzkie życie, ale i przyrodę, i planetę, na której żyjecie. Dlatego, drogie dzieci, módlcie się, abyście poprzez modlitwę obronili się Bożym błogosławieństwem pokoju. Bóg posłał Mnie między was, abym wam pomogła. Jeśli chcecie - przyjmijcie różaniec. Już sam różaniec może dokonać cudów na świecie i w waszym życiu. Błogosławię was i pozostanę z wami dopóki taka będzie wola Boża. Dziękuję wam, że dochowujecie wierności mojej obecności tutaj, gdyż wasza odpowiedź służy dobru i pokojowi. Dziękuję, że odpowiedzieliście na moje wezwanie. ”

---

[5] Giovani Luca Zenga (tłumacz*), Medjugorje 1981 - 2019 History of the apparitions and the messages of the Queen of Peace from 1981 to 2019*, Matica Hrvatska Čitluk, Čitluk - Medjugorje 2019, strona 262 (tłumaczenie z języka angielskiego: autorka).

.

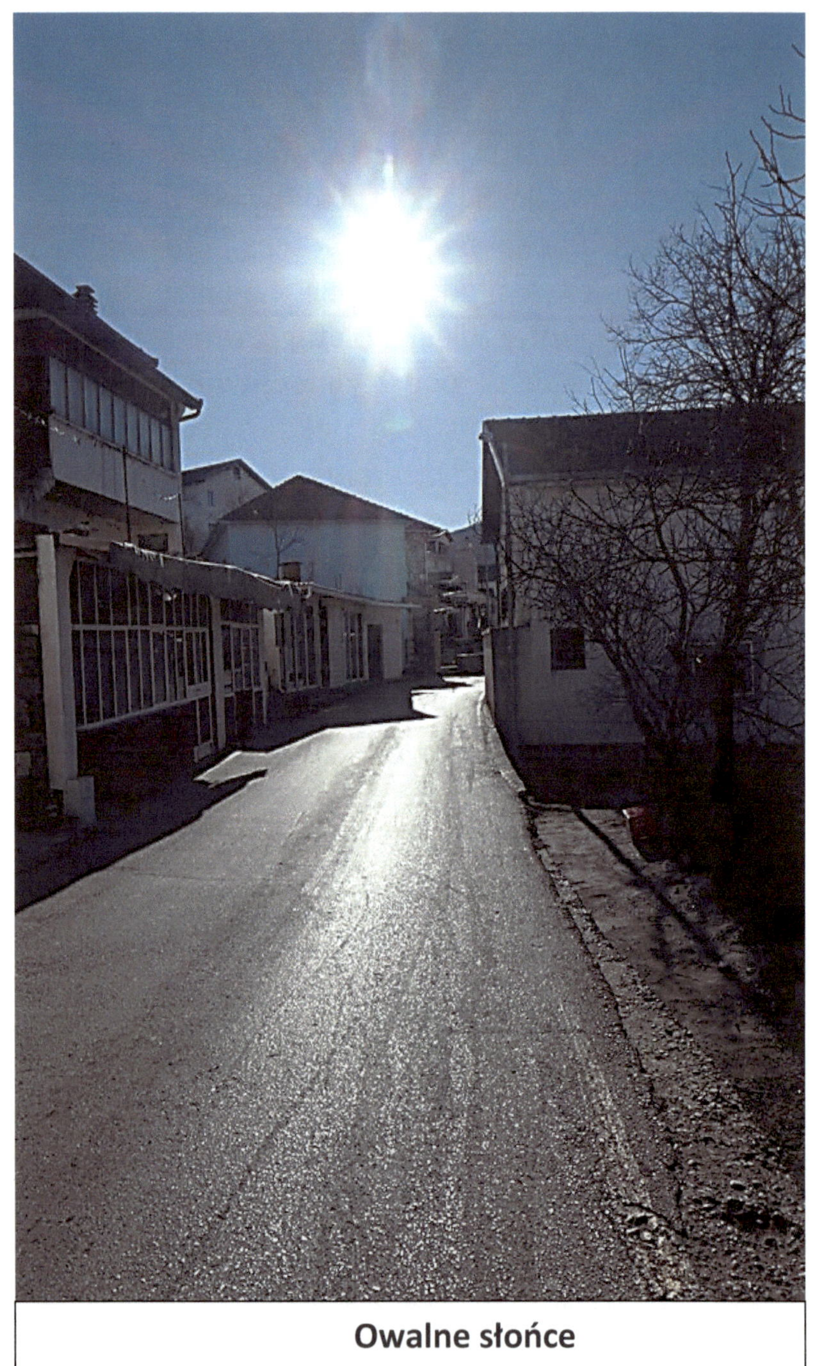

Owalne słońce

Orędzie z dnia 2 lutego 2019 [6]

„Drogie dzieci, objawienia są rezultatem miłości i dobroci Ojca Niebieskiego , one sprawiają, że wzrasta wiara, która jest objaśniana, wnosi pokój, pewność i nadzieję. Tak więc i ja, moje dzieci, z miłosiernej miłości Ojca Niebieskiegi, zawsze od nowa wskazuję wam drogę ku mojemu Synowi, ku zbawieniu wiecznemu. Jednakże, niestety, wiele moich dzieci nie chce mnie słuchać, wiele moich dzieci ma wątpliwości. Natomiast ja, ja zawsze w czasie i poza czasem, wielbiłam Pana za wszystko co On uczynił we mnie i przeze mnie. Mój Syn oddaje się wam, łamie z wami chleb, przekazuje wam słowa życia wiecznego, byście je nieśli wszystkim. A wy, moje dzieci, apostolowie mojej miłości, czego wy się boicie, skoro mój Syn jest z wami? Pokażcie Mu swoje dusze, aby On mógł w nich przebywać i uczynić z was świadków, świadków wiary i miłości. Moje dzieci, żyjcie Ewangelią, okazujcie bliźnim miłość miłosierną , lecz nade wszystko żyjcie miłością do Ojca Niebieskiego. Moje dzieci, nie jesteście przypadkowo zjednoczni. Ojciec Niebieski nikogo

---

[6] Giovani Luca Zenga (tłumacz), *Medjugorje 1981 - 2019 History of the apparitions and the messages of the Queen of Peace from 1981 to 2019*, Matica Hrvatska Čitluk, Čitluk - Medjugorje 2019, strony 259, 260 (tłumaczenie z języka angielskiego: autorka).

.

nie jednoczy przypadkowo. Mój Syn przemawia do waszych dusz. Ja mówię do was sercem. Jako Matka mówię wam, pójdźcie ze mną, miłujcie się wzajemnie, dajcie świadectwo. Nie bójcie się swoim przykładem bronić prawdy, Słowa Bożego, które jest wieczne i nigdy się nie zmienia. Moje dzieci, kto działa w świetle miłości miłosiernej i prawdy, jest wspomagany przez Niebo i nie jest sam. Apostołowie mojej milości, niech inni rozpoznają was zawsze po cichości, miłości i pogodzie ducha. Ja jestem z wami. Dziękuję wam.”

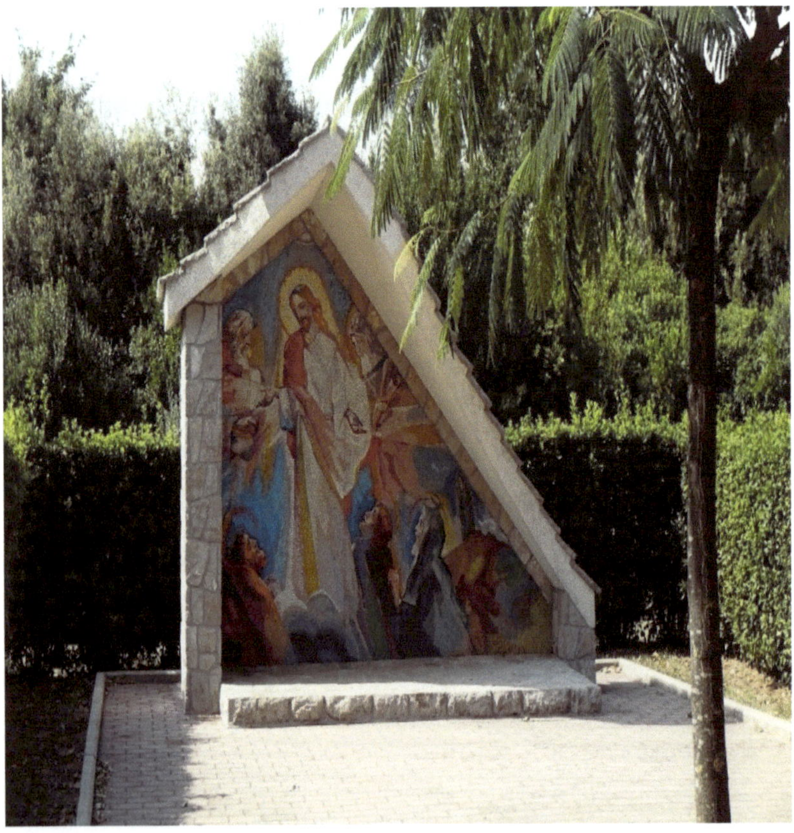

Orędzie z dnia 2 marca 2018 [7]

„Drogie dzieci, wielkie dzieła uczynił mi Ojciec
Niebieski, tak jak czyni tym wszystkim, którzy Go
szczerze kochają i służą Mu z oddaniem. Moje
dzieci, Ojciec Niebieski kocha was i to z Jego
miłości jestem tutaj z wami. Zwracam się do was,
dlaczego nie chcecie widzieć znaków? Z Nim
wszystko jest łatwiejsze, bo ból egzystencji łatwiej
znieść, gdy istnieje wiara. Wiara wspomaga w bólu,
bowiem ból bez wiary prowadzi do rozpaczy. Ból
egzystencji, ofiarowany Bogu, wzmacnia. Czyż mój
Syn przez swoją bolesną ofiarę nie odkupił świata?
Ja, jako Jego Matka byłam z Nim w bólu i
cierpieniu, tak jak jestem z wami wszystkimi. Moje
dzieci, jestem z wami w życiu, w bólu, cierpieniu,
radości i miłości. Dlatego miejcie nadzieję.
Nadzieja sprawia, że łatwiej pojąć, że tu idzie o
życie. Moje dzieci, to ja do was mówię, mój głos
mówi do waszej duszy, moje serce mówi do
waszego serca. Apostołowie mojej miłości, o jak
bardzo miłuje was moje matczyne serce. O jakże
wiele rzeczy pragnę was nauczyć. Jak bardzo moje
matczyne serce pragnie, byście byli scaleni, a

---

[7] Giovani Luca Zenga (tłumacz*), Medjugorje 1981 - 2019 History of the
apparitions and the messages of the Queen of Peace from 1981 to 2019*, Matica
Hrvatska Čitluk, Čitluk - Medjugorje 2019, strona 250, 251 (tłumaczenie z języka
angielskiego: autorka).

możecie być tacy tylko wtedy, gdy zostaną w was
zespolone dusza, ciało i miłość. Proszę was, jako
swoje dzieci, módlcie się intensywnie za Kościół i
jego sługi, waszych pasterzy, aby Kościół był takim,
jakim go mój Syn pragnie, czysty jako źródlana
woda i pełen miłości! Dziękuję wam. "

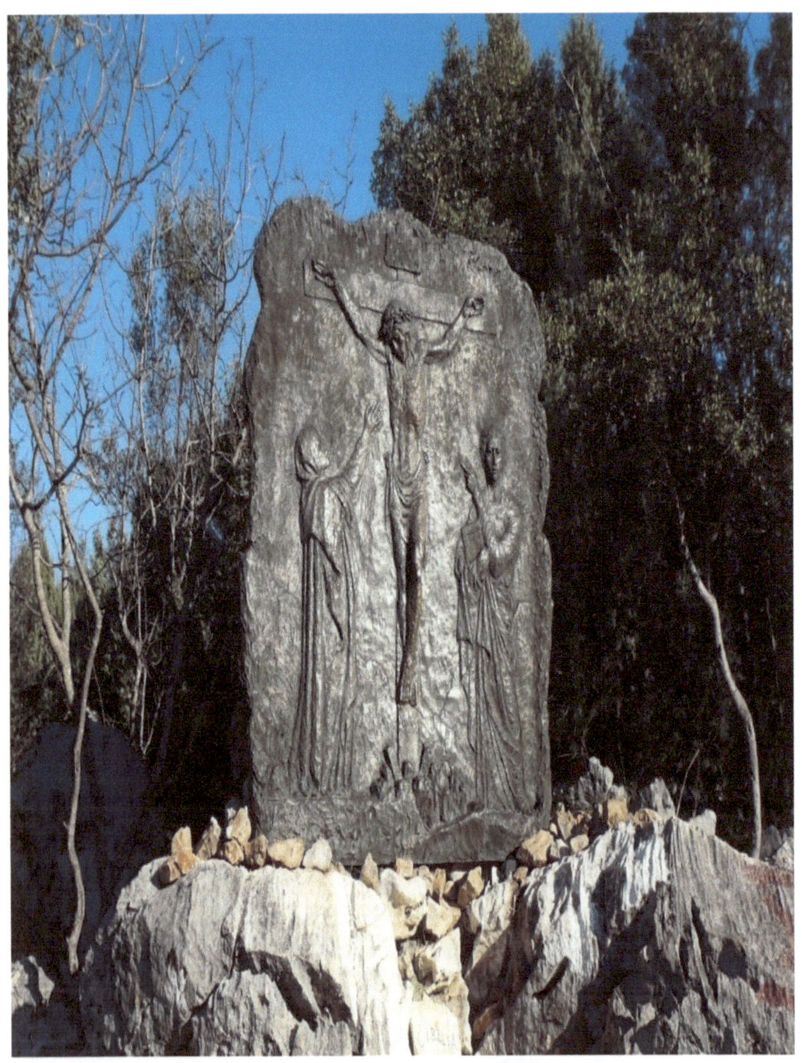

Orędzie z dnia 21 lipca 1982 [8]

„W czyśćcu jest wiele dusz. Są tam ludzie którzy święcili Boga, niektórzy kapłani, niektórzy wierzący. Odmówicie za nich około 7 Ojcze Nasz, Zdrowaś Maryjo, Chwała Ojcu, Wierzę w Boga. Polecam to Wam! Jest bardzo duża liczba dusz, które długo już są w czyśćcu, ponieważ nikt się za nie, nie modli.“

Odpowiedź która dotyczy poszczenia: najlepiej pości się o wodzie i chlebie. Poprzez poszczenie i modlitwę mogą zakończyć się wojny i prawo natury będzie w dobrych rękach. Dobroczynność nie zastąpi poszczenia. Ci którzy nie mogą pościć, mogą poprzez modlitwę, dobroczynność i spowiedź to uczynić; ale każdy, oprócz chorych, musi pościć. (CP 69)“.

---

[8] Medjugorje - Apologia.com, *The Messages of Medjugorje: The Complete Text, 1981 - 2014*, 2014, strona 49 (tłumaczenie z języka angielskiego: autorka).

.

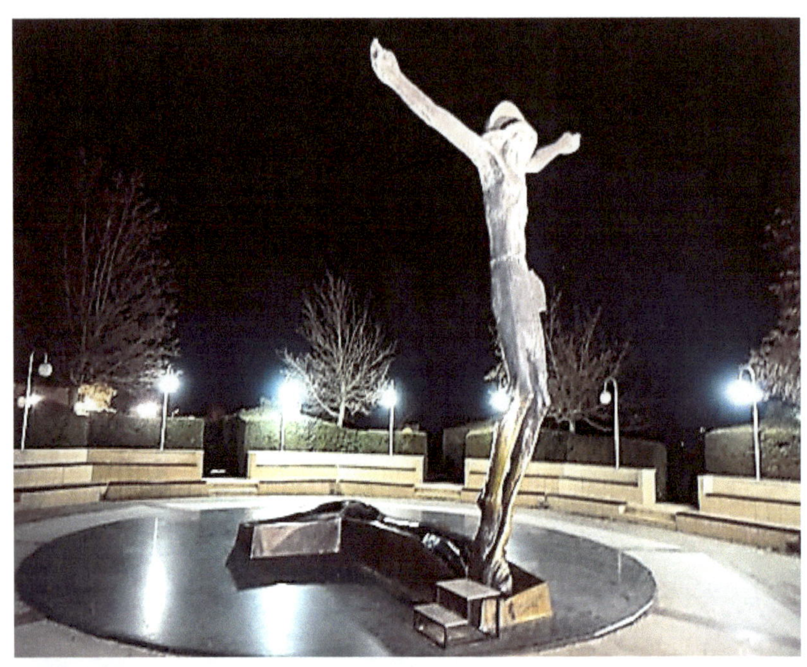

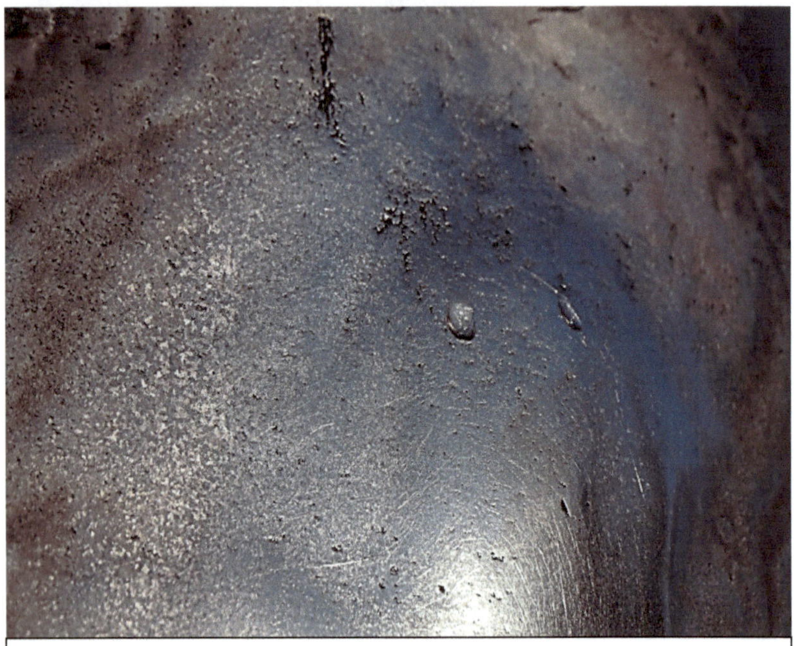

Kropla z kolana figury Zmartwychwstałego Jezusa

Orędzie z dnia 25 lipca 1982 [9]

„Odpowiedź na pytanie dotyczące tych, którzy trafią do piekła. W dzisiejszych czasach bardzo dużo ludzi tam trafia. Bóg pozwala swoim dzieciom cierpieć w piekle, ponieważ popełniły ciężkie i niewybaczalne grzechy. Ci którzy trafią do piekła nie mają możliwości się z niego wydostać i polepszyć swojej sytuacji. (CP 71)
Odpowiedź na pytania, związane z tymi, których spotkało leczenie choroby. Ważne jest, aby za wyleczenie chorych odmówić następujące modlitwy: Wierzę w Boga, 7 Ojcze Nasz, Zdrowaś Mario i Wyznanie wiary, poszczenie o chlebie i wodzie. Jest dobrze położyć podczas modlitwy swoje dłonie na dłoniach chorego. Powinno się namaszczać chorych olejkiem świętym. Nie wszyscy kapłani są wstanie odprawić ten rytuał. O ten dar przywracania do życia, kapłan musi wytrwale się modlić i posiadać stałe wierzenie. (CP 71)“

---

[9] Medjugorje - Apologia.com, *The Messages of Medjugorje: The Complete Text, 1981 - 2014*, 2014, strona 49 (tłumaczenie z języka angielskiego: autorka).

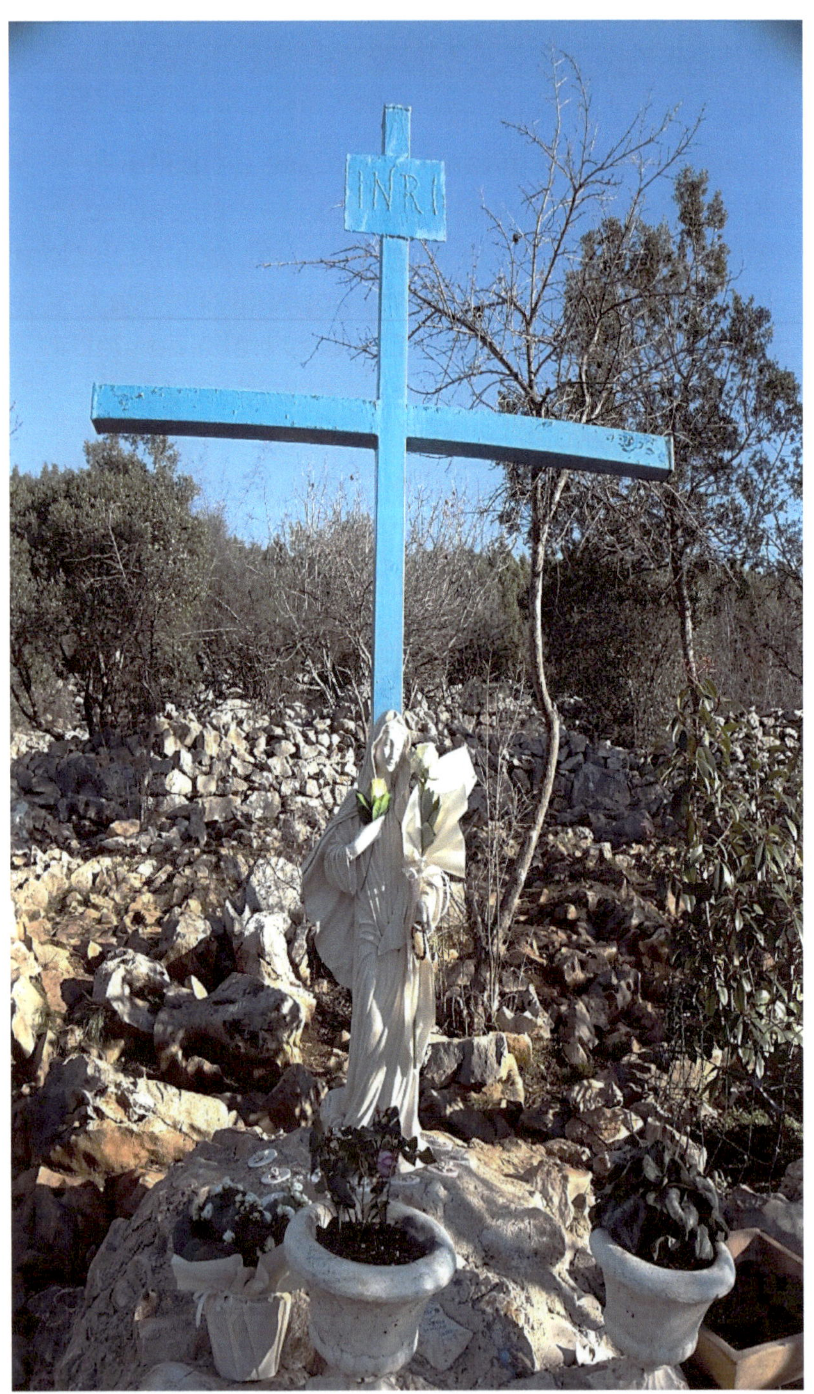
INRI

Orędzie z 1984 – 1985 [10]

„Odpowiedź na niepewność katolickiego księdza
po uzdrowieniu prawosławnego dziecka: powiedz
temu księdzu, powiedz wszystkim, że to Wy
jesteście podzieleni na ziemi. Z tego samego
powodu, dla którego katolicy, muzułmanie i
prawosławni stoją przede mną i moim synem.
Wszyscy jesteście moimi dziećmi. Z pewnością
wszystkie religie nie są równe, ale wszyscy ludzie
są równi przed Bogiem, jak powiedział Św. Paweł.
Nie wystarczy należeć do Kościoła katolickiego, aby
zostać zbawionym, ale trzeba być posłusznym
przykazaniom Bożym, kierując się własnym
sumieniem. Ci, którzy nie są katolikami, są nie
mniej istotami, stworzonymi na obraz Boży i
przeznaczonymi do tego, by pewnego dnia
zjednoczyć się z domem Ojca. Zbawienie jest
otwarte dla wszystkich, bez wyjątku. Tylko ci,
którzy celowo odrzucają Boga, są przeklęci.
Niewiele będzie się wymagać od tego, komu mało
zostało dane. Z drugiej strony, komu wiele zostało
dane (katolikom), wiele będzie się od niego
wymagać. To tylko Bóg, w swojej nieskończonej

---

[10] Medjugorje - Apologia.com, *The Messages of Medjugorje: The Complete
Text, 1981 - 2014*, 2014, strona 104 (tłumaczenie z języka angielskiego:
autorka).

.

sprawiedliwości, określa stopień
odpowiedzialności i ogłasza sąd. (C128). "

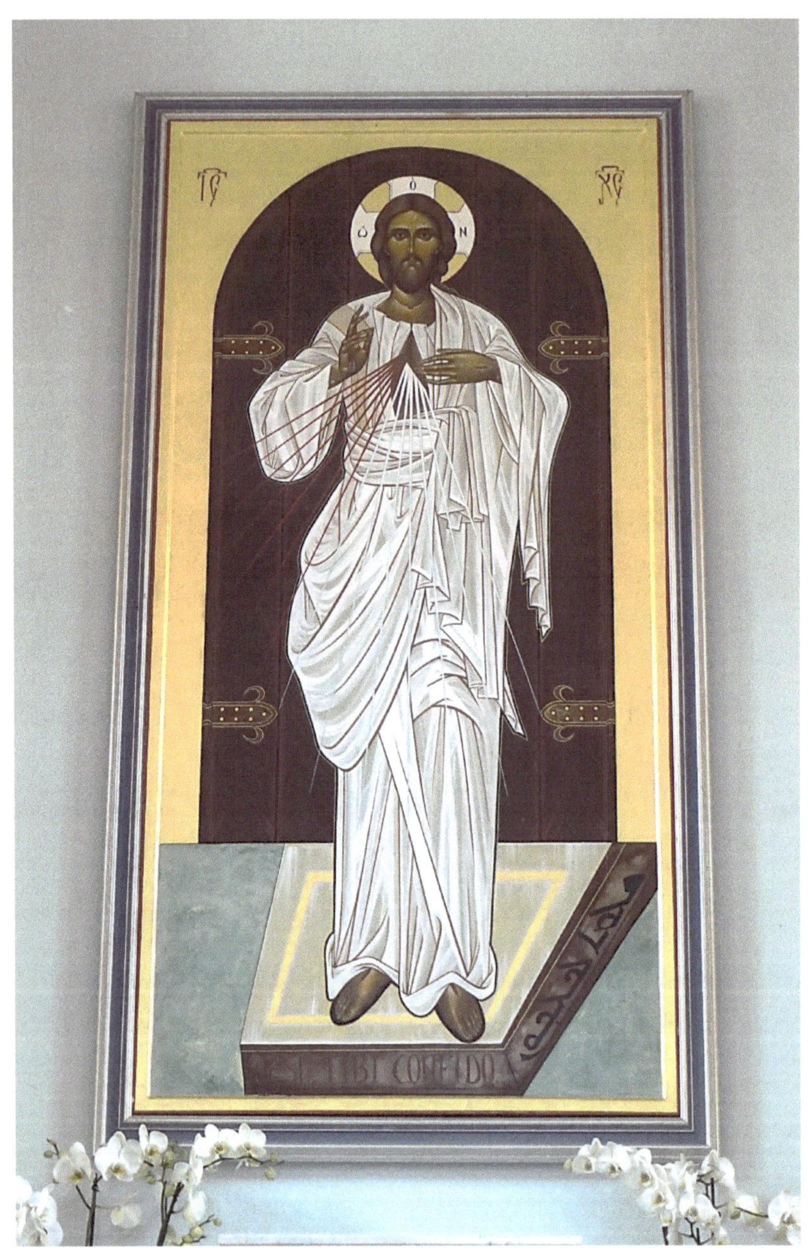

Orędzie z dnia 2 października 2011[11]

„Drogie dzieci, również dzisiaj moje matczyne serce wzywa was do modlitwy, do osobistej relacji z Bogiem Ojcem, do radości z modlitwy w Nim samym. Bóg Ojciec nie jest daleko od was i nie jest wam nieznany. Objawił się wam przez mojego Syna i podarował wam życie, którym jest mój Syn. Dlatego więc, moje dzieci, nie poddajcie się pokusom, które chcą oddzielić was od Boga Ojca. Módlcie się! Nie próbujcie mieć rodziny i społeczeństwa bez Niego. Módlcie się! Módlcie się, aby wasze serca zostały napełnione dobrocią, która pochodzi jedynie od mojego Syna, który jest prawdziwą dobrocią. Jedynie serca napełnione dobrocią mogą pojąć i przyjąć Boga Ojca. Ja nadal będę was prowadzić. Proszę was w szczególny sposób, abyście nie osądzali swoich pasterzy. Moje dzieci, czyż zapominacie, że to Bóg Ojciec ich powołał. Dziękuję wam. ”
Słowa Mirjany: *Wcześniej nigdy nic nie mówiłam. Jednakże, czy wy bracia i siostry jesteście tego świadomi, że była z nami Matka Boża? Czy jesteśmy tego godni, niech każdy z nas zada sobie*

---

[11] Giovani Luca Zenga (tłumacz*), Medjugorje 1981 - 2019 History of the apparitions and the messages of the Queen of Peace from 1981 to 2019*, Matica Hrvatska Čitluk, Čitluk - Medjugorje 2019, strona 203 (tłumaczenie z języka angielskiego: autorka).

.

to pytanie. Mówię to, bo ciężko mi patrzeć na Nią jak cierpi, bo każdy z nas żąda cudu, ale nie chce uczynić cudu w sobie.

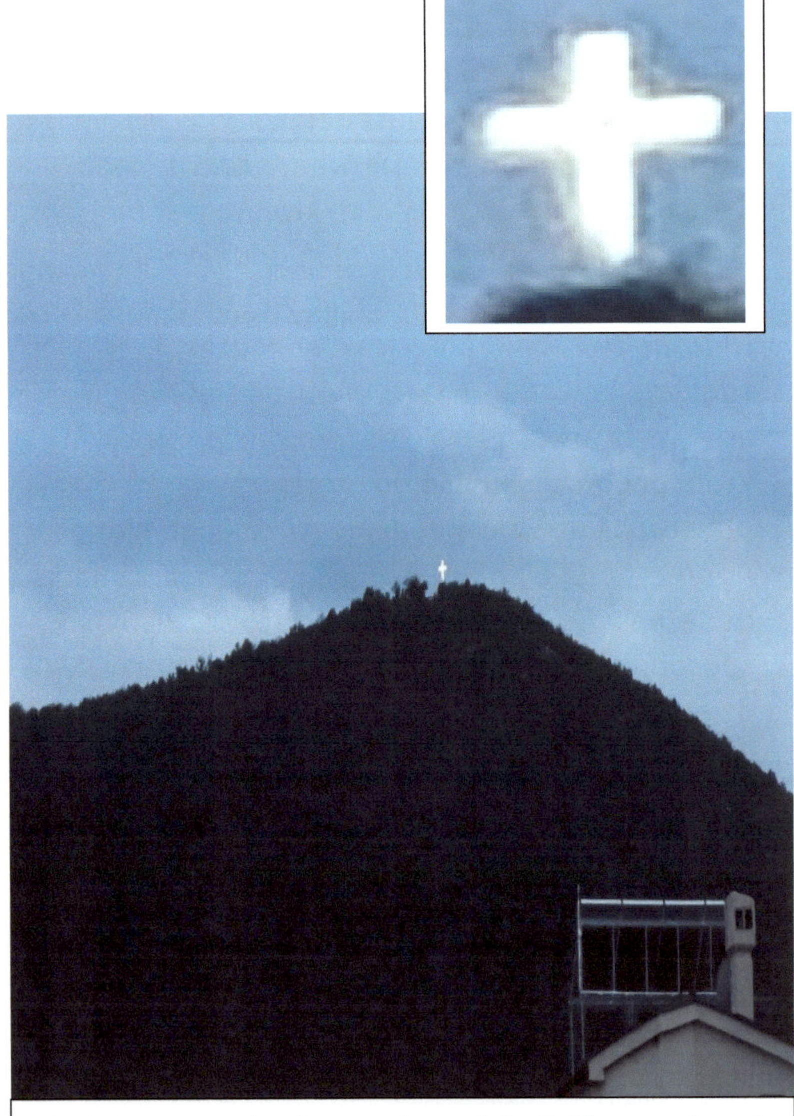

Ruchomy o zmienionym kształcie Križevac - krzyż

Orędzie z dnia 2 sierpnia 2018 [12]

„Drogie dzieci, Z matczyną miłością wzywam was,
byście otworzyli serca na pokój, byście otworzyli
serca na mojego Syna, aby w waszych sercach
zabrzmiała pieśń miłości do mojego Syna, gdyż
pokój jedynie przez tę miłość przychodzi do duszy.
Moje dzieci, wiem, że jest w was dobroć, wiem, że
miłujecie miłością miłosierną. Jednakże wiele
moich dzieci jeszcze ma zamknięte serca. Myślą, że
mogą działać bez skierowania swoich myśli ku Ojcu
Niebieskiemu, który oświeca, ku mojemu Synowi,
który wciąż od nowa jest z wami w Eucharystii i
pragnie was słuchać. Moje dzieci, dlaczego do
Niego nie mówicie? Życie każdego z was jest
ważne i drogocenne, gdyż jest darem Ojca
Niebieskiego na wieczność. Dlatego nigdy nie
zapominajcie o dziękczynieniu, mówcie do Niego.
Moje dzieci, wiem, że nieznane jest wam to, co się
dzieje potem (po życiu), ale kiedy nadejdzie to
wasze potem, otrzymacie odpowiedź na każde
pytanie. Moja matczyna miłość pragnie, abyście
byli gotowi. Moje dzieci, niech wasze życie

---

[12]Giovani Luca Zenga (tłumacz*), Medjugorje 1981 - 2019 History of the
apparitions and the messages of the Queen of Peace from 1981 to 2019*, Matica
Hrvatska Čitluk, Čitluk - Medjugorje 2019, strona 255 (tłumaczenie z języka
angielskiego: autorka).

.

pozostawia dobre uczucia w sercach ludzi, których spotykacie, uczucie pokoju, dobroci i przebaczenia. Na modlitwie nasłuchujcie co mówi do was mój Syn i czyńcie to. Ponownie wzywam was do modlitwy za swoich pasterzy, za tych, których mój Syn powołał. Pamiętajcie, że oni potrzebują modlitwy i miłości. Dziękuję wam. ”

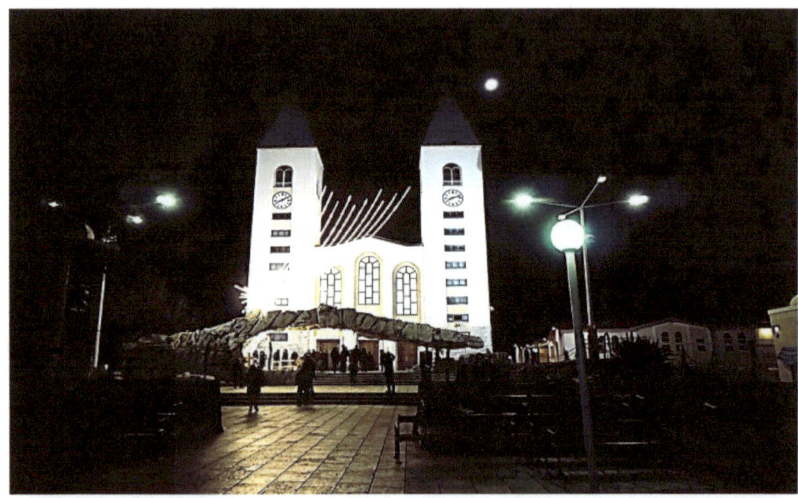

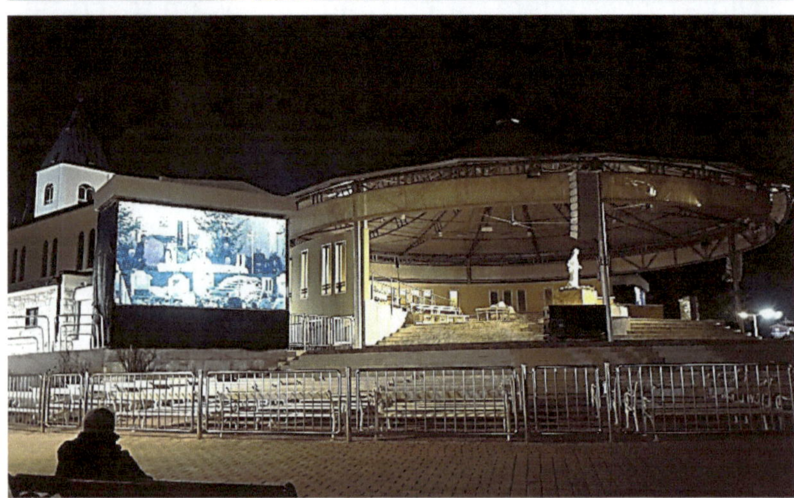

Orędzie z dnia 10 października 1985 [13]

„Drogie dzieci! Pragnę was i dzisiaj wezwać w parafii do życia według moich przesłań. Szczególnie pragnę wezwać młodych w parafii, która jest mi miła. Drogie dzieci, jeśli pielęgnujecie w sobie przesłania, hodujecie ziarno świętości. Wszystkich was, jako Matka, pragnę wezwać do świętości, byście mogli ją dać innym. Jesteście zwierciadłem dla innych Dziękuję, że odpowiedzieliście na moje wezwanie. ”

---

[13]Giovani Luca Zenga (tłumacz*), Medjugorje 1981 - 2019 History of the apparitions and the messages of the Queen of Peace from 1981 to 2019*, Matica Hrvatska Čitluk, Čitluk - Medjugorje 2019, strona 29 (tłumaczenie z języka angielskiego: autorka).

.

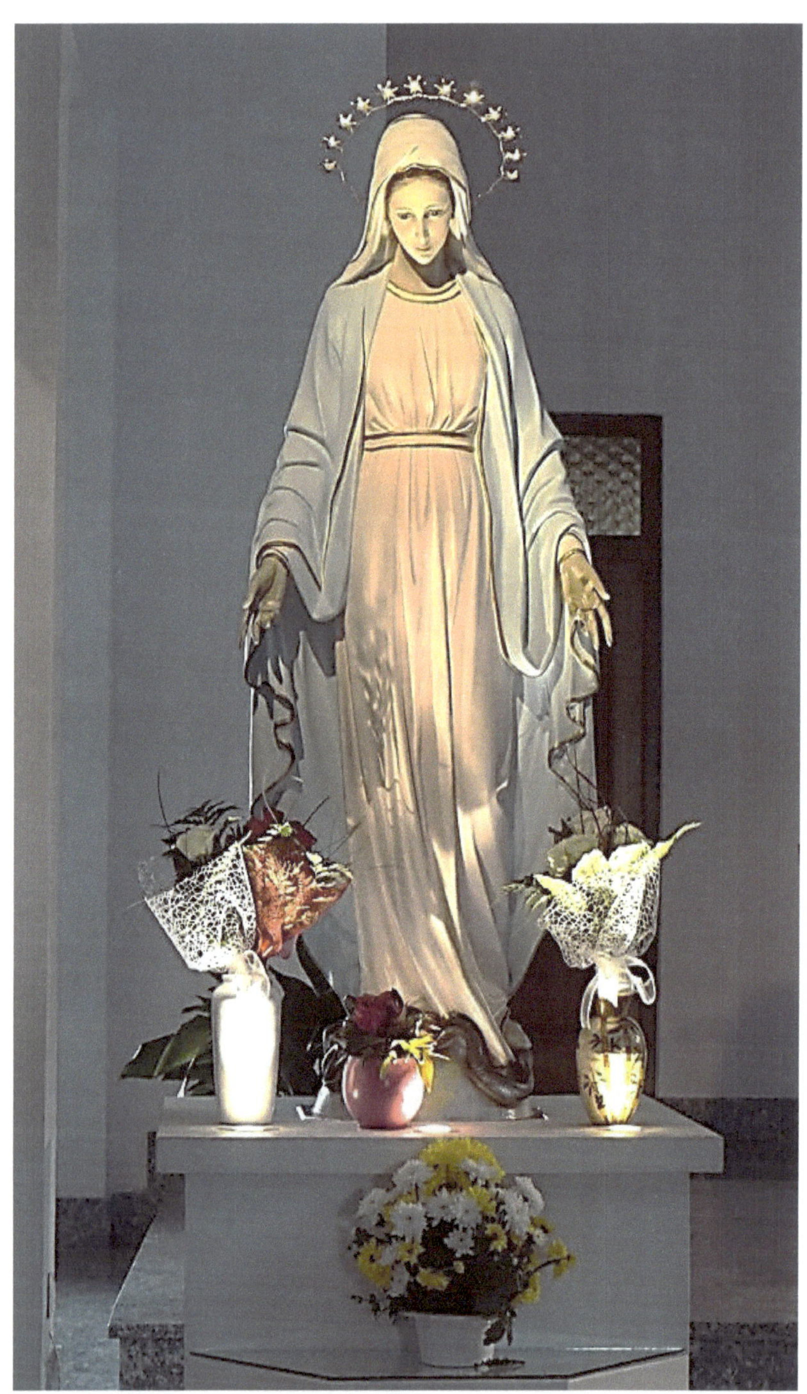

Orędzie z dnia 2 listopada 2019 [14]

„Drogie dzieci! Mój umiłowany Syn zawsze modlił się i wychwalał Ojca Niebieskiego. Zawsze mówił Mu o wszystkim i ufał Jego woli. Powinniście zrobić to samo, moje dzieci, ponieważ Ojciec Niebieski zawsze słyszy swoje dzieci. Serce złóżcie w Jego Sercu, w którym jest miłość, światło i życie. Ojciec Niebieski ofiarował wam samego siebie w ludzkim obliczu, a to oblicze jest obliczem mojego Syna. Wy, apostołowie mojej miłości, powinniście zawsze nosić oblicze mojego Syna w swoich sercach i umysłach. Zawsze powinniście myśleć o Jego miłości i poświęceniu. Powinniście modlić się, aby zawsze odczuwać Jego obecność, to bowiem – Apostołowie mojej miłości – jest sposób na udzielenie pomocy tym wszystkim, którzy nie znają mojego Syna, którzy nie poznali Jego miłości. Dzieci moje, czytajcie Księgę Ewangelii. W niej znajdziecie zawsze coś nowego, coś, co wiąże was z moim Synem, który się narodził, aby przynieść słowa życia wszystkim moim dzieciom i oddać Siebie samego w ofierze za wszystkich.

---

[14]Medjugorje Web Site, „*Our Lady of Medjugorje Messages of year 2019*" w www.medjugorje.ws pod:
https://www.medjugorje.ws/en/messages/2019/(dostępne w dniu 30 lipca 2020)(tłumaczenie z języka angielskiego: autorka).

.

Apostołowie mojej miłości, niesieni miłością do
mojego Syna, zanieście miłość i pokój wszystkim
swoim braciom. Nie osądzajcie nikogo. Kochajcie
wszystkich przez wzgląd na miłość do mojego Syna.
W ten sposób zadbacie też o własną duszę, która
naprawdę jest czymś najcenniejszym co
posiadacie. Dziękuję. "

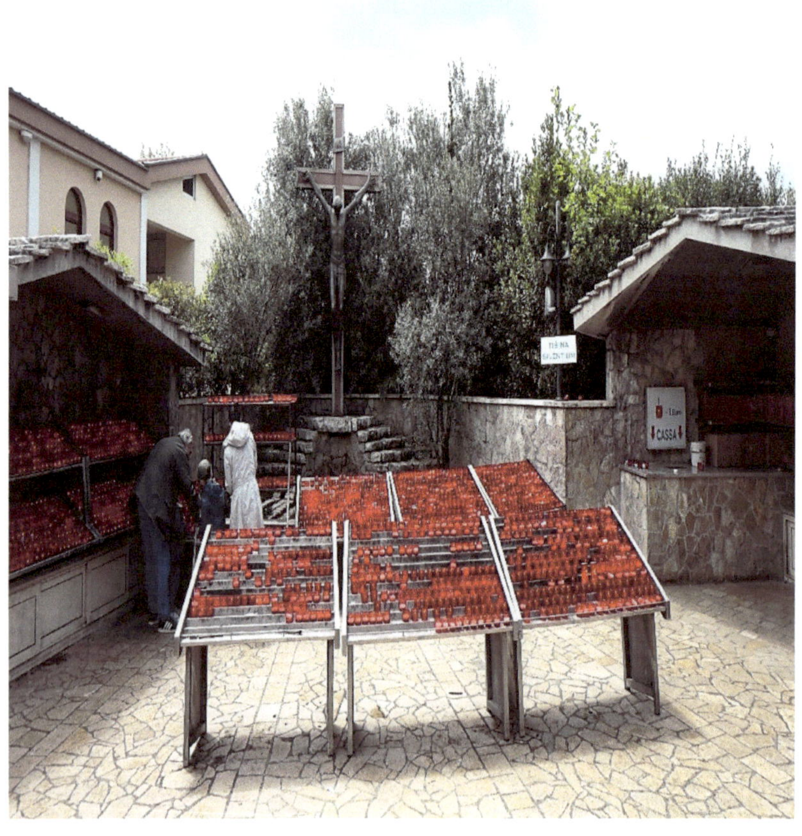

Orędzie z dnia 25 października 1993 [15]

"Drogie dzieci! W tych dniach wezwałam was do modlitwy i do życia tym, co wam mówię, ale mało żyjecie moimi orędziami. Mówicie, a nie żyjecie. Dlatego, dziatki, ta wojna trwa tak długo. Wzywam was do otwarcia się na Boga i do życia z Bogiem w sercu, dając świadectwo o moich orędziach i czyniąc dobro. Kocham was i pragnę chronić was od wszelkiego zła, ale wy tego nie chcecie. Drogie dzieci, nie mogę wam pomagać, jeżeli nie żyjecie Bożymi przykazaniami, jeżeli nie żyjecie Mszą świętą, jeżeli nie unikacie grzechu. Wzywam was, byście się stali apostołami miłości i dobroci. W tym niespokojnym świecie świadczcie o Bogu i Bożej miłości, a Bóg będzie wam błogosławił i da wam to, o co Go poprosicie. Dziękuję, że odpowiedzieliście na moje wezwanie."

[15] Medjugorje - Apologia.com, *The Messages of Medjugorje: The Complete Text, 1981 - 2014*, 2014, strona 49 (tłumaczenie z języka angielskiego: autorka).

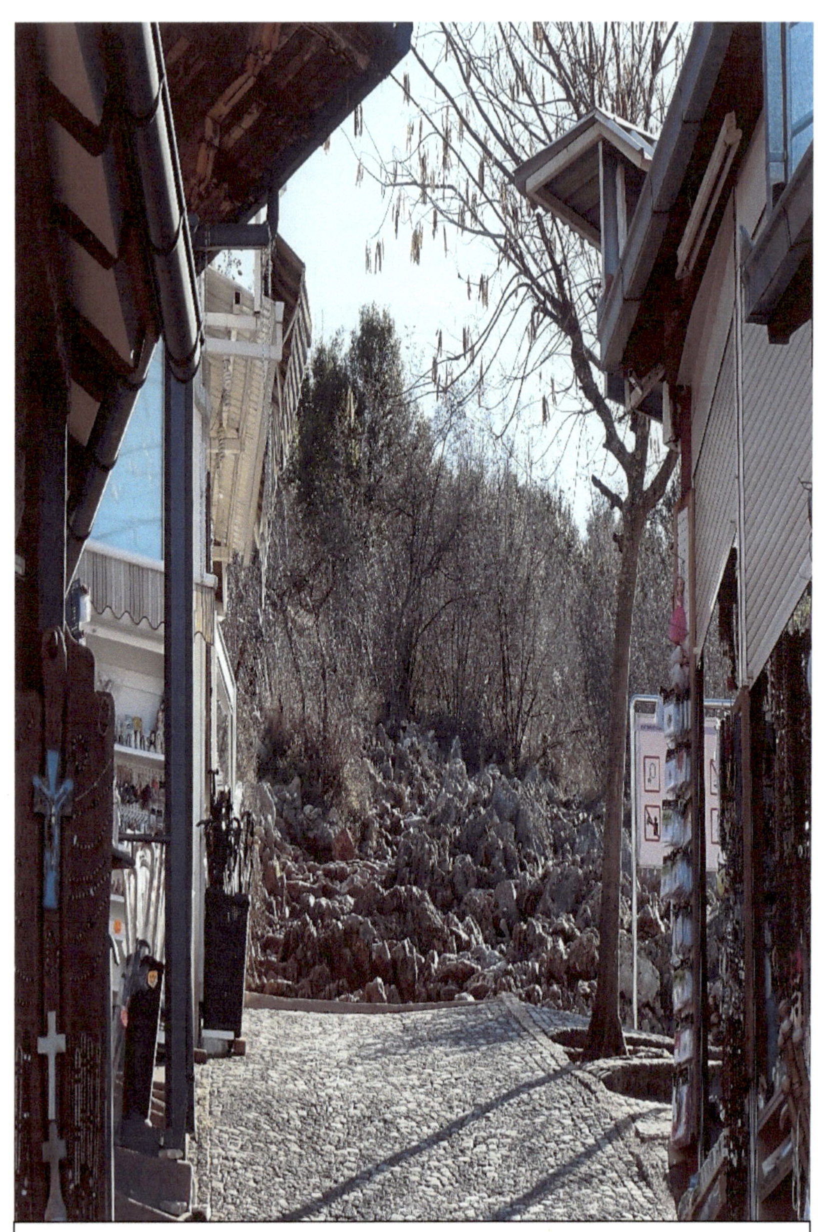

Na końcu ulicy handlowej można wspiąć się na Wzgórze Objawień

Orędzie z dnia 25 października 1993 [16]

„Drogie dzieci! W tych latach wzywałam was do modlitwy i do życia tym, co wam mówiłam, ale mało żyjecie moimi orędziami. Mówicie, a nie żyjecie. Dlatego, moje kochane dzieci, ta wojna trwa tak długo. Wzywam was do otwarcia się na Boga i do życia z Bogiem w sercu poprzez dawanie świadectwa o moich orędziach i czynienie dobra. Kocham was i pragnę chronić was od wszelkiego zła, ale wy tego nie chcecie. Drogie dzieci, nie mogę wam pomagać, jeżeli nie żyjecie Bożymi przykazaniami, jeżeli nie żyjecie Mszą świętą, jeżeli nie unikacie grzechu. Wzywam was, byście się stali apostołami miłości i dobroci. W tym niespokojnym świecie świadczcie o Bogu i Bożej miłości, a Bóg będzie wam błogosławił i da wam to, o co Go poprosicie. Dziękuję, że odpowiedzieliście na moje wezwanie. "

---

[16] Medjugorje - Apologia.com, *The Messages of Medjugorje: The Complete Text, 1981 - 2014*, 2014, strona 49 (tłumaczenie z języka angielskiego: autorka).
.

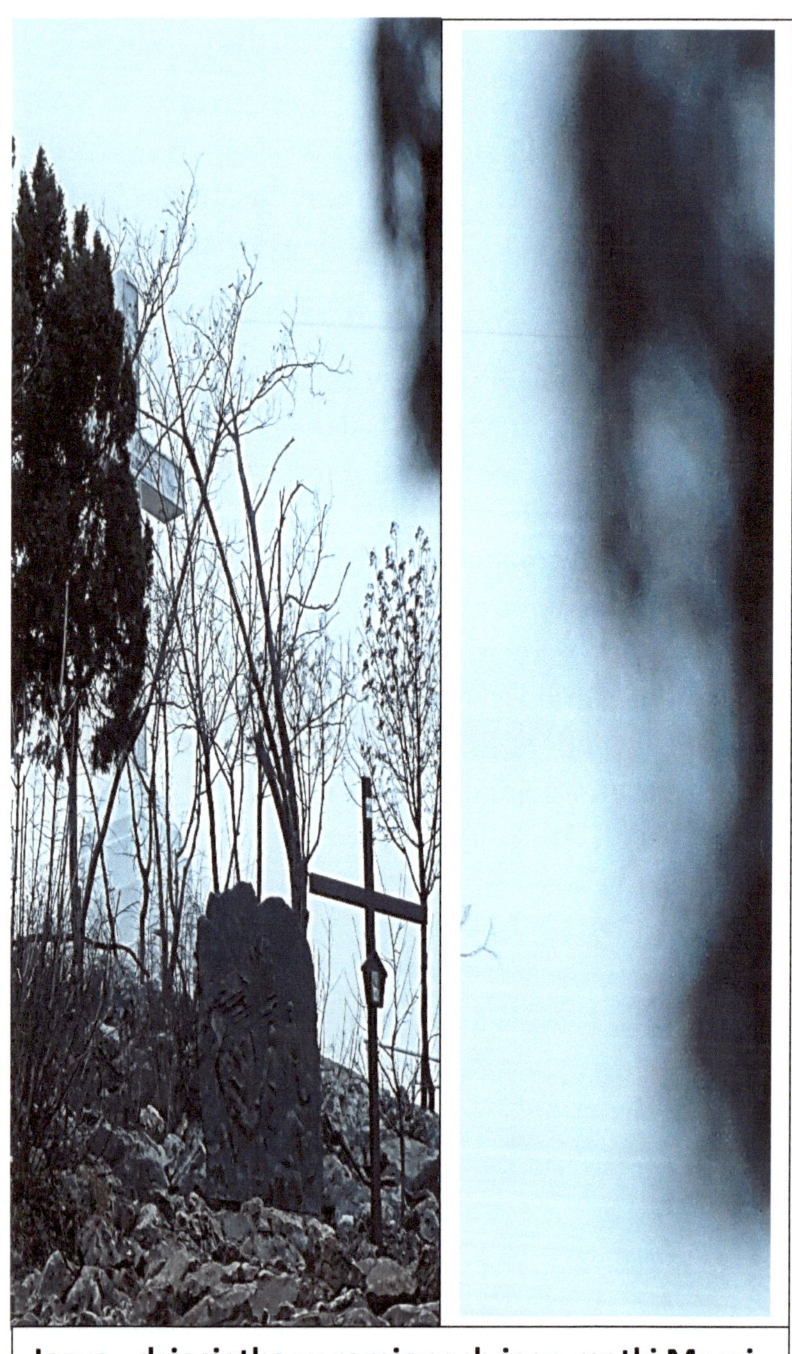

Jezus - dzieciątko w ramionach jego matki Maryi